AF326439

LETTRES

PATENTES DV ROY
portant iuſſion à Noſſeigneurs de
la Cour de Parlement pour proceder à la verification pure & ſimple
de l'Ediᶜt de creation de quattre
lettres de Maiſtriſſe de toutes ſortes
d'artiſans dont les Meſtiers ſont Iurez, en faueur de l'heureuſe naiſſance de Monſeigneur le Dauphin.

Verifiées en Parlement le 7. Feurier 1603.

A PARIS,
Pour Claude de Monſtr'œil, tenant ſa bou-
tique en la Cour du Palais,
au nom de Ieſus.
1603.

HENRY par la grace de Dieu Roy de France & de Nauarre, A nos amez & feaux Conseillers les gens tenãs noftre Cour de Parlement à Paris, Salut. Les feux Roys nos predecesseurs ayãt de tout temps accouftumé pour la memoire & dignité de leurs aduenemens à la Couronne & des Roynes, entrees & naiffances de leurs enfans, creer & eriger des Maiftres de chacun art & meftier, és villes de ce Royaume, Estimant bien raifonnable à leur imitation d'honorer la ioyeufe naiffance de noftre tref-cher & tref-amé fils le

A ij

Daulphin, à fin que nos subjects
iouyſſent de la meſme grace & liberalité à eux concedee par noſ-
dits predeceſſeurs en ſemblables
occaſions, Nous auons en ceſte
faueur & conſideration, par noſtre Edict du mois de Nouembre
dernier, creé & erigé quatre maiſtres de toutes ſortes & qualitez
d'artiſans, dont les arts & meſtiers
ſont iurez en chacune ville de ceſtuy noſtre Royaume, lieux &
pays de noſtre obeyſſance, pour y
eſtre par nous pourueus telles per-
ſonnes que nous voudrons choi-
ſir, & en iouyr par eux ſans faire
chef-d'œuure, eſpreuue ny experience, payer aucuns banquets,
droicts de Confrairies, ny autres
choſes, où il ſe commet vne infini-
té d'abus & d'extorſions par les Iurez deſdicts arts & meſtiers, lors

qu'il se preséte quelques vns pour
estre receus & admis en leursdicts
estats & maistrises. Lequel Edict
vous ayant esté presenté à fin
de verification, vous auez par ar-
rest du vingtseptiesme Auril dernier, ordonné qu'il sera registré
pour la creation de deux maistres
seulement, de chacun art & mestier, qui seroit deroger à nostre
volonté, & reduire à la moytié la
grace & liberalité que nous auons
entendu departir à nos subjets, en
faueur & recommandation de ceste tát desiree naissance, de laquel-
le on void assez clairement qu'il a
pleu à Dieu par sa toute bóté nous
benir & fauoriser, pour le bien
soulagemét & repos vniuersel de
cest Estat. Et pour ce voullans en
toutes occasions tesmoigner la
ioye, & le contentement que

A iij

nous en refentons, mefmes par ce-
fte-cy, de la creation defdites lettres de maiftrifes, qui eft vn droict
ancien dõt nofdits predeceffeurs
ont toufiours vfé, & qui ne porte
aucun prejudice ny intereft au pu-
blic, ains au contraire comme dit
eft, requis & defiré de beaucoup,
empefchant par ce moyen que les
Iurez defdites maiftrifes ne com-
mettent point tant d'abus ny fa-
cent faire tant de defpences inu-
tiles à ceux qui fe prefentent pour
eftre reçeus & inftallez en leurfdi-
tes maiftrifes, qui font la plufpart
pauures compagnons & reduicts
par ce moyen à toute mifere &
pauureté: Attendu auffi qu'à caufe de ce nombre de quatre Maiftres, nous nous fommes deportés
d'eriger des ouuriers & monnoy-
eurs en chacune de nos mõnoyes,

comme nous pouuions iuſtemét
faire: Choſe qui a eſté aſſez de fois
faicte par noſdicts predeceſſeurs
Roys en occaſions bien moins
importantes que celles-cy: Ayant
recognu que leſdites charges im-
portoient de trop à nos ſubiects
pour les priuileges, franchiſes &
immunitez qui y ſont attribuez:
Novs de noſtre grace ſpecialle,
plaine puiſſance & auctorité royalle, Vous mandons, ordonnons,
commandons & tres-expreſſé-
ment enioignons par ces preſentes, que vous ayez à veriffier pure-
ment & ſimplement noſtredit E-
dict de creation deſdicts quattre
maiſtres en chacun art & meſtier.
Et en ce faiſant ceux qui ſeront
ainſi pourueus, ſoiét par les Iuges
auſquels leſdictes lettres s'adreſſe-
ront receus & inſtallez, qu'ils en

iouyſſent & vſent auec tous tels &
ſemblables droicts, franchiſes , li-
bertez , & priuileges que les Iurez
deſdits arts & meſtiers. Voulons
en outre & nous plaiſt, que per-
ſonne n'y puiſle eſtre reçeu par
toutes les villes , de ceſtuy noſtredit Royaume par chef-d'œuure, que premierement ceux qui
doiuent eſtre ainſi par nous pourueus en vertu de ceſdites preſentes, & de noſtredit Edict, n'y ſoiét
receus & n'en ayent prins poſſeſ-
ſion , ſur peine à ceux qui y côtre-
uiendrót d'eſtre punis & chaſtiez
comme infracteurs de nos ordon-
nances, & de deux cens eſcus d'a-
mende applicable enuers nous,
enquoy ſerót contraints les Iurez
& gardes deſdits meſtiers qui s'in-
gereront d'en receuoir vn ſeul en
leurſdites maiſtriſes, ſc it qu'ils ayét
faict

faict leur apprentiſſage és villes de
leurs demeurances ou non, & ce
ſans plus y faire de reduction, mo-
dification ne difficulté: Nonob-
ſtãt voſtredit arreſt les cauſes mo-
tiffiees d'iceluy, & tous autres E-
dicts, Declarations, Arreſts, defen-
ces, reglemens, & lettres à ce contraires, auſquelles pour ceſte fois
& ſans tirer à conſequence en autre choſe nous auons deſrogé &
derogeons & aux deſrogatoires
des deſrogatoires y cõtenues. Car
tel eſt noſtre plaiſir. Donné à Paris le vingtdeuxieſme iour de Iuin,
l'an de grace mil ſix cens deux, Et
de noſtre regne le treizieſme.
Signé, HENRY. Et plus bas, par
le Roy, POTIER. Et ſcellee ſur
ſimple queuë en cire iaulne.

B

HENRY par la grace de
Dieu Roy de France &
de Nauarre, A nos amez
& feaux Conseillers les gens tenás
nostre Cour de Parlement à Paris,
Salut. Nous vous auons assez faict
amplement entendre nostre volonté & intétion par nostre Edict
du mois de Nouembre, mil six cés
vn dernier, & lettres patentes de
Iussion depuis expédiees, à ce que
vous eussiez à procedder à la verification pure & simple de la creation des quatre lettres de maistrises portees par iceluy, Que nous
auons fait en consideration de la
naissance de nostre tref-cher &
tref-amé fils le Dauphin, à fin que
nos subjects iouyssent de la grace
& liberalité par nous à eux concedee en ceste occasion, ayant mo-
diffié de moytié la grace & libera-

ilité par nous concedee à nofdicts
ifubjects , nous empefchant par ce
moyen d'honorer cefte tant heu-
reufe & defiree naiflance , de la-
quelle on voit aflez clairement
qu'il a pleu à Dieu nous benir &
fauorifer par fa toute bonté, pour
le foulagement & repos vniuerfel
de ceft Eftat. Et pour ce voullant
en toutes fortes d'occafions tef-
moigner la ioye & contentement
que nous en refentons, côme vous
deuriez aufli faire, mefmes par ce-
fte-cy de la creation defdites quatre lettres de maiftrifes , qui eft
chofe qui n'importe au general
n'y au particulier, de quelque fa-
çon que ce foit, ains au contraire
vn bien pour le peuple & defiré
par iceluy: d'autant que par toutes
les villes de noftredit Royaume, il
fe trouuera des compagnons bôs

& excellés ouuriers, qui au deffaut
d'auoir faict leur apprentiffage és
villes où ils font demeurás, ne peu-
uent eftre receus ny admis en la
maiftrife de leurfdicts arts & me-
ftiers, chofe grandement confide-
rable, veu que tãt plus qu'il y auroit
d'artifans & ouuriers maiftres, tant
plus aura on bon marché & meil-
leure condition de leurs danrees
peines & vacations, qui tournera
au proffict de noftre peuple & au
noftre particulierement, à caufe
qu'ils tiendront maifon, feu, & do-
micille, & par confequent contri-
buables aux deniers de nos tailles.
A CES CAVSES de nos graces
fpecialle, plaine puiffance & authorité Royalle, & en confidera-
tion des entrees que pourra faire
cy apres noftredict tref-cher &
tref-amé fils le Dauphin, par tou-

...es les villes de cestuy nostredict
.Royaume, & du sainct sacrement
.de Baptesme qu'il receura moyen-
.nant la grace de Dieu prompte-
.ment sur les fonds de la saincte E-
.glise Catholique, Apostolique,&
.Romaine , pour lesquelles occa-
.sions on a tousiours accoustumé
.creer de semblables creations de
.lettres de maistrises. Vous man-
.dons, commandons, ordonnons,
.& tres-expressement enjoignons,
.par ces presentes signees de nostre
.main, que vous ayez incontinent
.& toutes autres affaires & difficul-
.tez cessans , à proceder à la veriffi-
.cation pure & simple de nostre-
.dit Edict, portant creation desdi-
.tes quatre lettres de maistrises, par
.toutes les villes Iurees de nostre-
.dit Royaume : & qu'à ceste fin
.vous le faciez registrer és registres

B iij

de noſtredite Cour, ſans plus nous
donner la peine & occaſion de
vous en faire expedier autre plus
expres mandement que ces preſentes, que vous prendrez pour la
ſeconde, finale, & toutes iuſlions,
pour iouyr de l'effect d'icelluy, tāt
noſdicts ſubjects que autres qu'il
appartiendra , Ce que nous vous
enjoignons expreſſement de faire
ſans plus y apporter aucunes difficultez , ſur tant que vous aymez le
bien de noſtre ſeruice. Enjoignāt
auſſi à noſtre Procureur general,
cōſentir & requerir l'execution de
noſtredit Edict, & ceſdites preſentes, nonobſtāt voſtredit arreſt que
voullons pour ce regard ceſſer en-
ſemble tous Edicts & ordōnances
à ce contraires, auſquels nous auōs
deſrogé & deſrogeons par ceſdites preſentes , de noſtre plaine

quissance & authorité Royalle:
car tel est nostre plaisir. En tes-
moing dequoy nous auons faict
mettre nostre seel à cesdictes presentes. Donné à Paris le vingt-
troisiesme iour de Decembre, l'an
de grace mil six cens deux: Et de
nostre regne le quatorziesme.
Ainsi signé, HENRY. Plus bas
par le Roy, POTIER. Et seellé
sur simple queuë de cire iaulne: &
sur le reply est aussi escrit. Registré ouy le Procureur general du
Roy, les Chirurgiens, Apoticaires, & Orfeures exceptez suiuant
les arrests precedens. A Paris en
Parlement le septiesme Feburier,
l'an mil six cens trois.

Signé, DV TILLET.

Extraict des Regiſtres de Parlement.

CE iour apres auoir veu par la Cour les grand Chambre Tournelle & de l'Edict aſſembleés les Lettres patentes duRoy en forme d'Edict donnees à Paris, au mois de Nouembre dernier, ſignees, HENRY, & ſur le reply par le Roy, POTIER, & ſeellees en lacs de ſoye rouge & vert, de cire verd, Contenant creation de quatre Maiſtres Iurez de toutes ſortes d'artiſans dont les Meſtiers ſont Iurez en chacune des villes de ce Royaume, lieux & pays de ſon obeiſſance, pour la naiſſance de Monſieur le Dauphin, ſans que ceux qui ſeront pourueus deſdits Meſtiers ſoient tenus faire aucun chef-d'œuure,

expe-

experience ne examen, payer aucuns banquets, droicts de Con-
frairie, ny estre contraints au paye-
ment d'aucune chose, que les Iurez de chacun mestier ont accoustumé de prendre, & faire payer à
ceux qui se veulent faire passer
maistres. Deffendant aux maistres
Iurez de ne receuoir ny admettre
aucun côpagnon par chef-d'œuure, que premierement lesdictes
quatre lettres de maistrises n'ayent
esté remplies, comme plus au lõg
le contiennent lesdites lettres, Ar-
rest du vingtseptiesme Auril, mil
six cés deux, par lequel auroit esté
ordõné que lesdites lettres seroiét
registrees pour la creatiõ de deux
maistres seulemét de chacun mestier, en chacune des villes de ce
Royaume, pays, & terres de l'o-
beyssance du Roy, les Chirurgiés,

C

Apoticaires , & Orfeures exceptez. Les lettres patétes en forme
de Iuſſion du vingtdeuxieſme de
Iuin dernier: Arreſt dóné ſur icelles,le quatrieſme iour de Decébre
enſuiuãt: Autres lettres patétes du
Roy donnees à Paris , le vingt-
troiſieſme dudit mois de Decembre dernier, auſſi ſignees, Henry:
& plus bas, Par le Roy, Potier: Et
ſeellees du grand ſeel de cire iaulne, Par leſquelles pour les cauſes y
contenuës & en cóſideration des
entrees que cy apres pourra faire
móſieur le Dauphin,és villes de ce
Royaume, & du ſacrement de Ba-
pteſme,que moyennát la grace de
Dieu il receura próptement, pour
leſquelles occaſiós on a accouſtu-
mé creer des maiſtriſes, ledict Seigneur máde, ordóne,& veut eſtre
procedé incótinét, & tous affaires

& difficultez cessans, à la verification pure & simple dudict Edict
du mois de Nouembre, sans qu'il
soit besoin de plus expres mandement, & pour seconde, finalle, &
toutes iussions, pour iouyr de l'effect d'iceluy, tant par les subjects
dudict Seigneur Roy, que autres
qu'il appartiédra. Les registres des
Edicts cy deuant veriffiez, tát pour
les entrees de la Royne, & de Ma-
dame sœur vnique du Roy, en
chacune des villes de son obeys-
sance. Conclusions du Procureur
general du Roy. La matiere mise
en deliberation, Ladicte Cour a
arresté & ordonné que lesdictes
lettres en forme d'Edict du mois
de Nouembre, mil six cens vn, &
de Iussion du vingt-troisiesme Decembre dernier, seront registrees
és registres d'icelles, ouy le Procu-

reur general du Roy, les Chirurgiens, Apoticaires, & Orfeures exceptez, suiuant les arrests precedens. Fait en Parlement le septief-
me Feburier, l'an mil six cens trois.
Signé,   LE VOYER.

*Collationné aux Originaux
estans en parchemin, par moy
Conseiller Notaire & Secre-
taire du Roy.*